AF216960

MATTHIAS F. MANGOLD

WILD

FOTOGRAFIE: MATHIAS NEUBAUER, COCO LANG

INHALT

Öffnen Sie die Klappen dieses Buches.
Dort finden Sie die wichtigsten Infos zum Thema auf einen Blick!

DAS PRINZIP:
WILD
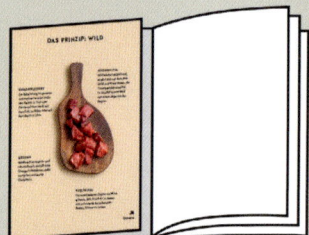

DIE PERFEKTE
KOMBI

Immer griffbereit:

SO GEHT'S:
HELLER WILDFOND
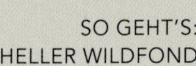

Immer griffbereit:

SO GEHT'S:
WILD VOR- UND
ZUBEREITEN

GU CLOU

Wussten Sie schon, dass ...?
Entdecken Sie bei einigen ausgewähl-
ten Rezepten ganz besondere Tipps
mit verblüffendem Insiderwissen.
Aha-Momente garantiert!

Die Backzeiten können je nach Herd variie-
ren. Unsere Temperaturangaben beziehen
sich auf das Backen im Elektroherd mit
Ober- und Unterhitze.

Sammeln Ihrer Lieblingsrezepte
mit der »GU Kochen Plus«-App
(siehe S. 64)

REZEPTKAPITEL

06 WILDSCHWEIN

18 REH

34 HIRSCH

50 WILDGEFLÜGEL, HASE & KANINCHEN

MATTHIAS F. MANGOLD

Der Foodjournalist, TV-Juror, Weinkenner und mehrfach ausgezeichnete Kochbuchautor betreibt in der Pfalz eine Kochschule. Wild war bei ihm schon als Kind ein Thema, in der Nähe des Pfälzerwaldes schöpft er heute aus dem Vollen.

Was ist für Dich der Vorteil von Wild gegenüber anderem Fleisch?

Nun ja, erstens lebt das Wild im Freien und ernährt sich von dem, was es in Wald und Flur findet: Eicheln, Bucheckern usw. Und wenn es von einem guten, erfahrenen Jäger geschossen wird, merkt es vor dem Blattschuss nichts. Dadurch gelangen keinerlei Stresshormone ins Fleisch, die es versauern und damit auch versauen könnten.

Wo kaufst Du Dein Wildfleisch ein?

Ich habe das große Glück, mit vielen Winzern befreundet zu sein, die oft auch selber jagen – da sitze ich quasi an der Quelle. Jäger gibt es aber überall, und sie sollten für Interessierte immer der erste Ansprechpartner sein. Adressen findet man bei den Jagdverbänden. Doch auch der Onlinehandel ist eine gute Sache, das Einkaufen wird immer unkomplizierter. TK-Ware ist generell eine gute Alternative, wenn man kein frisches Wild bekommt. Denn damit ist man auch nicht auf die Schonzeiten für die meisten Tiere (außer Wildschwein) angewiesen.

Was ist bei Wild grundsätzlich zu beachten?

Wild ist gar nicht so kompliziert, wie manche meinen. Hirsch ist vergleichbar mit Rind, Wildschwein nicht so weit entfernt vom Hausschwein, Reh ist unglaublich zart. Da sich die Tiere ständig bewegen, setzen sie nicht so viel Fett an wie Zuchttiere, also sollte man bei Garzeiten und -temperaturen etwas zurückhaltender sein. Und da man heute meist das Fleisch von jüngeren Tieren angeboten bekommt, ist der früher so aufdringliche Wildgeschmack einem feinen Aroma gewichen.

BLITZREZEPT: WILDBURGER-PATTYS MIT 5 ZUTATEN

1 Zwiebel schälen und würfeln.

600 g Wildschweinfleisch
(Hals, Schulter oder Bauch) in
grobe Würfel schneiden und
durch den Fleischwolf drehen.

Mit den Zwiebelwürfeln sowie mit
Salz, Pfeffer und Wildgewürz gut
vermengen.

Aus der Masse 4 Pattys formen.
Etwas Öl in einer großen Pfanne
erhitzen und die Pattys darin
von beiden Seiten durchbraten.

WILDSCHWEIN

WILDSCHWEINGULASCH

ZUM SATTESSEN

1,2 kg Wildschweinfleisch (Keule)
2 Zwiebeln
3 Möhren
3 Knoblauchzehen
2 EL Butterschmalz
3 Lorbeerblätter
6 Wacholderbeeren
400 ml kräftiger Rotwein
Salz, Pfeffer
40 g dunkle Kuvertüre
2 EL schwarzer Johannisbeersirup
1 EL Essig

1 Das Fleisch trocken tupfen, parieren und in ca. 2 cm große Würfel schneiden. Die Zwiebeln schälen und würfeln. Die Möhren putzen, schälen und in nicht zu kleine Stücke schneiden. Den Knoblauch mit der flachen Seite eines Kochmessers andrücken, die Schale aber dran lassen.

2 In einem großen Topf 1 EL Butterschmalz erhitzen und die Hälfte der Fleischwürfel darin bei großer Hitze rundherum anbraten, bis keine rohen Stellen mehr zu sehen sind. Das angebratene Fleisch in eine Schüssel geben, das übrige Butterschmalz (1 EL) erhitzen und die übrigen Fleischwürfel anbraten.

3 Nachdem alle Fleischwürfel angebraten sind, diese zurück in den Topf geben. Zwiebeln, Möhren, Knoblauch, Lorbeerblätter und angedrückte Wacholderbeeren dazugeben. Den Rotwein und 250 ml Wasser angießen, mit Salz und Pfeffer würzen, alles einmal umrühren und zugedeckt kurz aufkochen.

4 Sobald das Gulasch kocht, die Hitze reduzieren, sodass es nur noch leise köchelt, aber nicht mehr aufwallt. Den Deckel nicht ganz auf den Topf legen, damit Dampf entweichen kann und die Sauce etwas einkocht. Das Gulasch ca. 2 Std. garen, bis das Fleisch zart ist.

5 Zum Schluss die Kuvertüre fein hacken und mit dem Johannisbeersirup sowie dem Essig unterrühren. Das Gulasch abschmecken und mit Bauernbrot oder Semmelknödeln und Salat servieren.

WILDSCHWEINCURRY MIT GEMÜSE

AUS ASIEN

600 g Wildschweinfleisch (Rücken)
2 Pak Choi
½ rote Paprika
½ gelbe Paprika
2 Möhren
2 rote Zwiebeln
2 Knoblauchzehen
1 Stück Ingwer (ca. 2 cm)
1 kleine rote Chilischote
2 EL Öl
300 g Kokosmilch
4 Stängel Koriandergrün
Salz, Pfeffer

TIPP
Noch mehr Geschmack bekommt das Fleisch, wenn es zuvor 1 Std. in einer Mischung aus 3 EL Reiswein, 4 EL Sojasauce und 1 Spritzer dunklem Sesamöl mariniert.

1 Das Fleisch trocken tupfen, parieren und in mundgerechte Scheiben schneiden. Den Pak Choi putzen, waschen und in Stücke schneiden. Die Paprika waschen, Trennwände und Kerne entfernen und die Hälften würfeln. Die Möhren putzen, waschen und in dünne Scheiben schneiden.

2 Zwiebeln und Knoblauch schälen, Zwiebeln in Streifen, Knoblauch in sehr feine Würfel schneiden. Den Ingwer schälen und fein hacken. Die Chilischote waschen, halbieren, Trennwände und Kerne entfernen und die Hälften fein würfeln.

3 In einer großen Pfanne oder im Wok 1 EL Öl erhitzen und das Fleisch darin bei großer Hitze rundherum schön braun anbraten. Herausnehmen und beiseitestellen. Das übrige Öl (1 EL) in Pfanne oder Wok erhitzen und Paprika, Möhren sowie Zwiebeln darin bei mittlerer Hitze 3–4 Min. anbraten. Knoblauch, Ingwer und Chili hinzufügen, zuletzt den Pak Choi unterrühren.

4 Das Fleisch wieder dazugeben und die Kokosmilch angießen. Alles in ca. 5 Min. fertig garen. Inzwischen das Koriandergrün waschen, trocken schütteln und fein hacken. Das Curry mit Salz und Pfeffer abschmecken. Mit dem Koriandergrün bestreuen und mit Reis servieren.

Für 4 Personen • 45 Min. Zubereitung • 2 Std. Garen • 15 Min. Ruhen •
Pro Portion ca. 725 kcal, 72 g E, 46 g F, 5 g KH

WILDSCHWEIN IN DER SALZKRUSTE

AUSSERGEWÖHNLICH

1,2 kg Wildschweinbraten (Nuss)
2 große Bund gemischte Garten-
  kräuter (z. B. Petersilie, Schnitt-
  lauch, Kerbel)
3 Knoblauchzehen
1 Bio-Zitrone
2 EL Dijon-Senf
1 TL Zucker
4 EL Olivenöl
3 kg grobes Meersalz (s. Tipp)
6 Eiweiß
200 g fetter Bauchspeck (in dünnen
  Scheiben)

GUT ZU WISSEN

Garen in der Salzkruste ist eine besonders schonende Zubereitungsmethode. Der Braten wird herrlich saftig. Das funktioniert aber nur mit unbehandeltem, grobem Meersalz, das eine hohe Strahlungshitze erzeugen kann.

1 Das Fleisch trocken tupfen und parieren. Den Backofen auf 180° vorheizen.

2 Die Kräuter waschen, trocken schütteln und fein hacken. Den Knoblauch schälen und ebenfalls fein hacken. Die Zitrone heiß waschen, abtrocknen und die Schale fein abreiben. Kräuter, Knoblauch und Zitronenschale mit Senf, Zucker und Olivenöl zu einer Paste vermischen.

3 Das Meersalz und die Eiweiße in eine große Schüssel geben und mit den Händen gut vermengen. Einen Teil der Mischung auf einem Backblech ca. 2 cm hoch aufschichten, die Salzschicht muss etwas größer sein als das Fleischstück.

4 Das Fleisch rundherum mit der Kräuterpaste bestreichen und auf das Salzbett legen. Mit den Speckstreifen belegen. Das restliche Salz so auf dem Fleisch verteilen, dass es rundherum bedeckt ist. Gut andrücken.

5 Das Backblech in den Ofen schieben (Mitte) und das Fleisch ca. 2 Std. garen. Herausnehmen und ca. 15 Min. ruhen lassen. Die festgebackene Salzkruste mit der Rückseite eines großen Messers oder mit einem Hammer aufklopfen. Das Fleisch in Scheiben schneiden und mit Kartoffelknödeln, gebratenem Rosenkohl und einer kräftigen, dunklen Sauce servieren.

Für 4 Personen • 20 Min. Zubereitung • 6 Std. Marinieren • 9 Std. Garen •
Pro Portion ca. 645 kcal, 55 g E, 27 g F, 43 g KH

WILDES PULLED PORK

NIEDRIGTEMPERATURGAREN

1 kg Wildschweinfleisch
  (Nacken)
2 EL mittelscharfer Senf
4 EL BBQ-Gewürzmischung
  (Rub)
200 ml Apfelsaft
200 ml Gemüsebrühe
50 ml Sojasauce
10 ml Liquid Smoke (Online-
  handel)
4 Burger-Brötchen

1 Das Fleisch trocken tupfen und parieren. Dann rundherum mit dem Senf bestreichen und mit der BBQ-Gewürzmischung panieren. Abgedeckt an einem kühlen Ort ca. 6 Std. durchziehen lassen.

2 Den Backofen auf 110° vorheizen. Das Fleisch auf den Ofenrost legen. Für den »Mop« Apfelsaft, Brühe, Sojasauce und Liquid Smoke in einer ofenfesten Schale mischen. Die Schale unter das Fleisch in den Ofen stellen. Mithilfe eines Fleischthermometers die Kerntemperatur des Wildstücks prüfen, sie sollte zum Schluss 85° betragen. Das kann schon mal 8–9 Stunden dauern. Das Fleisch ca. 2 Std. ungestört garen, danach regelmäßig mit dem Mop begießen.

3 Das Fleisch aus dem Ofen nehmen, mit zwei Gabeln zerzupfen und mit so viel Mop vermischen, bis die gewünschte Konsistenz erreicht ist. Die Burger-Brötchen so aufschneiden, dass sie an einer Seite noch zusammenhalten. Mit dem Pulled Pork befüllen.

Für 4 Personen • 20 Min. Zubereitung • 10 Std. Garen • Pro Portion ca. 535 kcal, 47 g E, 30 g F, 11 g KH

WILDSCHWEIN »OVERNIGHT«

NIEDRIGTEMPERATURGAREN

*1 kg Wildschweinfleisch
    (Schulter oder Nacken)
1 Zweig Rosmarin
10 Wacholderbeeren
½ Bio-Zitrone
1 EL Butterschmalz
350 ml halbtrockener Rotwein
150 ml Marsala
Salz, Pfeffer*

1 Das Fleisch trocken tupfen, parieren und in grobe Würfel schneiden. Den Rosmarin waschen und trocken tupfen, die Nadeln abzupfen und grob hacken. Die Wacholderbeeren andrücken. Die Zitronenhälfte heiß waschen, abtrocknen und die Schale abreiben.

2 Das Butterschmalz in einem schweren Bräter erhitzen. Die Fleischwürfel darin von allen Seiten anbraten. Den Rotwein und den Marsala dazugießen und alles mit Salz, Pfeffer, den Wacholderbeeren, der Zitronenschale und dem Rosmarin würzen. Gut umrühren und den Bräter zugedeckt in den Backofen (Mitte) stellen. Den Ofen auf 80° stellen und das Fleisch ca. 10 Std. garen. (Es darf auch länger sein, beim Niedrigtemperaturgaren geht es nicht so genau.)

3 Dieses Gericht am besten mit einem Löffel essen. Dazu Baguette oder Bauernbrot reichen und als Beilage einen kleinen Tomatensalat.

Für 4 Personen • 25 Min. Zubereitung • 12 Std. Marinieren • 3 Std. 30 Min. Garen •
Pro Portion ca. 670 kcal, 54 g E, 27 g F, 50 g KH

WILDSCHWEIN-SPARERIBS

AUS DER HAND

2 kg Wildschweinrippchen
120 g Dry Rub (s. Tipp)
1 Zwiebel
2 Knoblauchzehen
1 EL Öl
6 Wacholderbeeren
Salz, Pfeffer
2 EL Honig
3 EL Worcestersauce
3 EL Sojasauce
300 ml Tomatenketchup
2 EL Johannisbeergelee (rot oder
*   schwarz)*

GUT ZU WISSEN

Ein Dry Rub ist eine Gewürzmischung, die in rohes Fleisch eingerieben wird. Häufig enthalten ist Zucker, Pfeffer, Paprikapulver, Zwiebel- und Knoblauchgranulat, Senfpulver und Cayennepfeffer.

1 Am Vortag die Rippchen mit einem großen Kochmesser oder Beil portionieren, dabei immer 2–3 Rippen zusammenlassen. Mit dem Dry Rub einreiben und abgedeckt über Nacht im Kühlschrank marinieren lassen.

2 Am nächsten Tag Zwiebel und Knoblauch schälen und sehr fein hacken. Das Öl in einem Topf erhitzen und die Zwiebel darin bei kleiner Hitze glasig dünsten, den Knoblauch dazugeben und ebenfalls andünsten. Die angedrückten Wacholderbeeren, Salz und Pfeffer dazugeben. Dann Honig, Worcestersauce, Sojasauce, Tomatenketchup und das Gelee hinzufügen und alle Zutaten gut verrühren. Die Sauce bei mittlerer Hitze ca. 30 Min. köcheln. Die Mischung etwas abkühlen lassen.

3 Den Backofen auf 130° vorheizen. Die Spareribs mit einem Teil der Sauce bestreichen und getrennt voneinander in einen ausreichend großen Bräter mit fest schließendem Deckel stellen (sie sollen nicht aufeinanderliegen, die Hitze muss von allen Seiten drankommen). 200 ml Wasser in den Bräter gießen und die Rippchen im Ofen (Mitte) ca. 3 Std. garen.

4 Die Spareribs aus dem Ofen holen, wieder mit etwas Sauce bestreichen und am besten auf dem Grill bei großer Hitze unter mehrfachem Wenden knusprig grillen. Alternativ unter dem Backofengrill knusprig grillen.

5 Die Spareribs mit der restlichen Sauce servieren und unbedingt mit den Fingern essen.

REH

REHMEDAILLONS MIT KRÄUTER-NUSS-KRUSTE

FÜR GÄSTE

450 ml Wildfond (selbst gemacht oder gekauft)
400 ml Rotwein
50 g Sauerkirschen (aus dem Glas)
Salz, Pfeffer
600 g ausgelöster Rehrücken
30 g Pistazienkerne
30 g Walnusskerne
40 g gemischte Kräuter (z. B. Rosmarin, Salbei, Basilikum, Thymian)
80 g zimmerwarme Butter
1 Eigelb
2 EL Öl
500 g Spätzle (aus dem Kühlregal)

1 Den Wildfond mit 200 ml Rotwein zum Kochen bringen und auf ein Drittel einkochen. Den restlichen Wein (200 ml) dazugeben und nochmals auf die Hälfte einkochen. Die Kirschen hinzufügen, mit dem Pürierstab pürieren und die Sauce bei kleiner Hitze ca. 15 Min. ziehen lassen. Mit Salz und Pfeffer abschmecken und warm stellen.

2 Den Rehrücken trocken tupfen, parieren und in 8 Medaillons schneiden. Pistazien und Walnüsse fein hacken. Die Kräuter waschen und trocken schütteln, Nadeln bzw. Blätter abzupfen und fein hacken.

3 Die Butter in einer Schüssel mit dem Schneebesen schaumig schlagen und das Eigelb untermengen. Die Kräuter und die gehackten Nüsse unterrühren und die Mischung mit Salz und Pfeffer würzen.

4 Den Backofen auf 200° vorheizen. Das Öl in einer großen Pfanne erhitzen und die Medaillons darin pro Seite ca. 1 Min. scharf anbraten. Auf eine ofenfeste Platte setzen und auf der Oberseite mit der Kräuter-Nuss-Paste bestreichen.

5 Die Medaillons im Ofen (oben) ca. 5 Min. gratinieren. Inzwischen die Spätzle in einem Topf in leicht gesalzenem Wasser nach Packungsanweisung garen. In ein Sieb abgießen. Die Medaillons mit den Spätzle und der Sauce servieren.

Für 4 Personen • 20 Min. Zubereitung • 45 Min. Garen • Pro Portion ca. 835 kcal, 53 g E, 25 g F, 96 g KH

REHBOLOGNESE

AUS ITALIEN

100 g Bauchspeck
1 Möhre
1 Zwiebel
2 Knoblauchzehen
300 g Rehfleisch (Hals,
*   Schulter oder Bauch)*
250 g Schweinehackfleisch
1 EL Tomatenmark
300 ml Milch
Salz, Pfeffer
500 g Tagliatelle
40 g Parmesan (am Stück)

AUSSERDEM
Fleischwolf

1 Den Speck würfeln. Die Möhre putzen, schälen und fein würfeln. Zwiebel und Knoblauch schälen und fein hacken.

2 Das Rehfleisch trocken tupfen und parieren, in grobe Würfel schneiden und durch den Fleischwolf drehen. In einem weiten Topf den Speck bei mittlerer Hitze auslassen. Möhre und Zwiebel dazugeben und ca. 2 Min. anschwitzen. Den Knoblauch hinzufügen und ca. 1 Min. anschwitzen. Beide Hackfleischsorten dazugeben und unter Rühren braten, bis das Fleisch grau geworden ist.

3 Das Tomatenmark hinzufügen und gut unterrühren. Die Milch dazugeben, alles salzen, pfeffern und bei kleiner Hitze offen unter gelegentlichem Rühren ca. 40 Min. einköcheln lassen. Inzwischen die Tagliatelle nach Packungsanweisung garen und in ein Sieb abgießen. Zur Rehbolognese geben und gut vermischen. Auf Teller verteilen und mit frisch geriebenem Parmesan bestreuen.

Für 4 Personen • 30 Min. Zubereitung • Pro Portion ca. 365 kcal, 35 g E, 15 g F, 21 g KH

REHSCHNITZEL
WIENER ART

600 g Rehschnitzel (Oberschale)
3 EL Mehl
3 Eier
200 ml Milch
Salz, Pfeffer
6 EL Semmelbrösel
3 EL Butterschmalz

1 Die Schnitzel trocken tupfen, parieren und flach klopfen. Dafür nacheinander auf einem mit Frischhaltefolie abgedeckten Brett platzieren, mit Folie abdecken und mit einem Plattiereisen oder einer kleinen, schweren Pfanne flach klopfen.

2 Das Mehl in einen tiefen Teller geben, in einem weiteren tiefen Teller die Eier mit der Milch aufschlagen und mit Salz und Pfeffer würzen. Die Semmelbrösel ebenfalls in einen tiefen Teller füllen. Die Schnitzel nacheinander im Mehl wenden und dieses gut andrücken. Durch die Eiermischung ziehen und in der Panade wenden.

3 In einer schweren Pfanne das Butterschmalz erhitzen. Ein paar Krümel von der Panade hineingeben – quellen sie leicht schäumend auf, ist das Fett heiß genug. Die Schnitzel darin pro Seite ca. 3 Min. ausbacken, dabei ab und zu mit Fett beträufeln. Ist die Panade goldbraun, sind die Schnitzel fertig. Dazu schmeckt Kartoffelsalat.

Für 4 Personen • 50 Min. Zubereitung • 30 Min. Ziehen • 40 Min. Garen •
Pro Portion ca. 640 kcal, 40 g E, 49 g F, 3 g KH

GESPICKTER REHRÜCKEN

FESTLICH

1 ganzer Rehrücken (am Knochen;
   ca. 1,2 kg)
150 g grüner Speck
6 Wacholderbeeren
3 Zweige Thymian
Salz, Pfeffer
2 EL Olivenöl
1 Bund Suppengemüse
1 EL Butterschmalz
200 ml Wildfond (selbst gemacht
   oder gekauft)
2 Lorbeerblätter
100 ml Rotwein
1 EL kalte Butter (nach Belieben)

MEHR DRAUS MACHEN

Die feine Sauce kann man
mit 1 Schuss Gin richtig aufpim-
pen; er nimmt das Aroma der
Wacholderbeeren auf. Nur nicht
übertreiben, die Sauce sollte
nicht alkoholisch schmecken.

1 Den Rehrücken trocken tupfen und parieren. Den Speck
in 1 cm breite Streifen und diese in 4 cm lange Stifte schneiden.
Mit einem kurzen, spitzen Messer in Abständen von ca. 5 cm ins
Fleisch stechen und je 1 Speckstift in die Taschen drücken.

2 Die Wacholderbeeren andrücken, den Thymian waschen,
trocken tupfen und die Blättchen abstreifen. Wacholderbeeren
und Thymian mit Salz, Pfeffer und Olivenöl in einer Schüssel zu
einer Paste verrühren. Den Rehrücken rundherum mit der Paste
einreiben und diese mindestens 30 Min. einziehen lassen. Den
Backofen auf 180° vorheizen.

3 Das Suppengemüse putzen und waschen bzw. schälen,
dann klein schneiden. Das Butterschmalz in einer tiefen,
ofenfesten Pfanne erhitzen und das Fleisch darin rundherum
gut anbraten, dann herausnehmen. Das Suppengemüse in das
Bratfett geben und anrösten. Den Wildfond dazugießen. Den
Rehrücken auf das Gemüse setzen und die Lorbeerblätter dazugeben. Das Fleisch im Ofen (Mitte) ca. 30 Min. garen, bis es
innen rosa ist. Dabei wiederholt mit der Flüssigkeit begießen.

4 Den Rehrücken herausnehmen und warm stellen. Die
Flüssigkeit durch ein Sieb in einen kleinen Topf abgießen, den
Rotwein hinzufügen und die Sauce bei großer Hitze ca. 10 Min.
einkochen lassen. Nach Belieben mit der Butter binden. Das
Fleisch kurz ruhen lassen und vom Knochen lösen. Portionieren
und mit breiten Nudeln und Blumenkohl servieren.

REHKARREE MIT ROTEN ZWIEBELN

FÜR GÄSTE

3 rote Zwiebeln
1 EL Olivenöl
350 ml Rotwein
2 EL Kastanienhonig (ersatzweise
   Waldhonig)
2 EL Essig
Salz, Pfeffer
1 kg Rehkarree
2 EL Öl
50 g Rosmarin
50 g Thymian
4 TL Dijon-Senf

GUT ZU WISSEN

Das Rezept funktioniert auch mit Hirschkarree. Da es größer und dicker ist, braucht es im Ofen etwas länger. Das Fleisch ist perfekt, wenn sich eine Druckprobe mit dem Finger anfühlt wie die eigene Nasenspitze.

1 Die Zwiebeln schälen, halbieren und in Streifen schneiden. In einem kleinen Topf das Olivenöl erhitzen und die Zwiebeln darin andünsten. Mit etwas Rotwein ablöschen und diesen bei mittlerer Hitze einkochen lassen. Erneut mit etwas Wein ablöschen, diesen Vorgang wiederholen, bis der Rotwein aufgebraucht ist und sich noch etwas Flüssigkeit im Topf befindet. Honig und Essig unterrühren und die Zwiebeln mit Salz und Pfeffer abschmecken.

2 Den Backofen auf 110° vorheizen. Die Karrees trocken tupfen und mit einem scharfen Messer parieren. Auch die Knochen von überschüssiger Haut befreien – das geht am besten durch Schaben. Das Öl in einer Pfanne erhitzen und die Karrees darin von allen Seiten anbraten. Dann auf einem Backblech im Ofen (Mitte) ca. 15 Min. garen.

3 Inzwischen Rosmarin und Thymian waschen und trocken tupfen. Nadeln bzw. Blättchen abzupfen, mit einem großen Messer sehr fein hacken und vermischen.

4 Die Karrees herausholen und den Ofen auf 200° Grillfunktion stellen. Die Karrees auf der Fleischoberseite mit Senf bestreichen und diese Seite in den Kräutern wälzen. Das Fleisch mit der Kräuterpanade nach oben auf das Blech legen und im Ofen kurz gratinieren, bis die Kräuter leicht braun sind.

5 Herausnehmen, 1 Min. ruhen lassen und aufschneiden. Mit den roten Zwiebeln und einem gemischten Salat servieren.

Für 4 Personen • 30 Min. Zubereitung • 2 Tage Beizen • 2 Std. Garen •
Pro Portion ca. 410 kcal, 61 g E, 9 g F, 4 g KH

GESCHMORTE REHKEULE

KLASSIKER

1 Rehkeule mit Knochen (ca. 2 kg)
1 Zwiebel
300 g Suppengemüse (Lauch,
*   Möhren, Sellerie)*
250 ml Rotwein
250 ml Rotweinessig
2 Lorbeerblätter
10 Wacholderbeeren
20 Pfefferkörner
4 Zweige Thymian
1 Zweig Rosmarin
Salz, Pfeffer
2 EL Öl
300 ml Wildfond (selbst gemacht
*   oder gekauft)*

GUT ZU WISSEN

Rehkeule gibt es auch entbeint
zu kaufen. Das Fleisch in diesem Fall mit Küchengarn in
Form binden – damit das Ganze kompakt bleibt.

1 Die Rehkeule 2 Tage vorab trocken tupfen und parieren,
also mit einem spitzen, scharfen Messer von Fett, Sehnen und
Häuten befreien. Die Zwiebel schälen und würfeln. Das Suppengemüse putzen und waschen bzw. schälen und ebenfalls
grob würfeln.

2 Zwiebel- und Gemüsewürfel mit Rotwein und Essig, den
ganzen Gewürzen sowie den Kräuterzweigen und 1,5 l Wasser
in einem großen Topf aufkochen. Vom Herd ziehen und abkühlen lassen. Die Rehkeule einlegen, den Deckel auflegen und
das Fleisch an einem kühlen Ort 2 Tage beizen.

3 Den Backofen auf 180° vorheizen. Die Keule aus der Beize
nehmen und trocken tupfen. Rundherum salzen und pfeffern.
Das Öl in einem schweren Bräter erhitzen und die Rehkeule
darin von allen Seiten anbraten. Das Gemüse aus der Beize
sieben und dazugeben. Den Wildfond angießen und den Bräter in den Ofen (Mitte) schieben.

4 Die Rehkeule in ca. 1,5 Std. (maximal 2 Std.) fertig garen,
wobei die Kerntemperatur 80° erreichen sollte. Während des
Garens das Fleisch immer mal wieder mit dem Fond übergie-
ßen. Diesen Klassiker serviert man am besten mit Knödeln und
Apfelrotkohl.

Für 4 Personen • 25 Min. Zubereitung • 1 Std. Garen • Pro Portion ca. 435 kcal, 61 g E, 11 g F, 5 g KH

REHRAGOUT MIT PILZEN

EINFACH

1 kg Rehfleisch (Keule)
1 Zwiebel
4 Knoblauchzehen
130 g Bauchspeck
1 EL Butterschmalz
Salz, Pfeffer
1 EL Tomatenmark
300 ml trockener Rotwein
2 Lorbeerblätter
400 g Pilze (z. B. Steinpilze,
    Pfifferlinge, Kräuterseitlinge)
2 Zweige Thymian

GU CLOU

Das Rehragout kann auch zugedeckt bei 80° im Back-
ofen 10–15 Std. geschmort
werden, dann wird das Fleisch
garantiert butterzart. Pilze
und Thymian kommen hinzu,
wenn das Gericht vor dem
Servieren auf dem Herd richtig heiß gemacht wird.

1 Das Fleisch trocken tupfen, parieren und in ca. 1,5 cm
große Würfel schneiden. Die Zwiebel schälen und würfeln, den
Knoblauch lediglich mit der flachen Seite des Kochmessers
andrücken. Den Speck würfeln.

2 Das Butterschmalz in einer großen, hohen Pfanne oder
einem Schmortopf erhitzen und den Speck darin auslassen.
Das Fleisch dazugeben und unter ständigem Rühren ca. 3 Min.
rundherum anbraten, bis keine rohen Stellen mehr sichtbar
sind. Mit Salz und Pfeffer würzen. Zwiebel und Knoblauch dazugeben, die Hitze reduzieren und alles ca. 5 Min. anbraten.

3 Das Tomatenmark einrühren, dann den Rotwein angießen
und alles gut vermischen. Die Lorbeerblätter einlegen, den
Deckel auflegen und das Ragout bei kleiner Hitze ca. 1 Std.
ziehen lassen.

4 Inzwischen die Pilze putzen und in Stücke schneiden, klei-
nere Exemplare ganz lassen. Den Thymian waschen, trocken
tupfen und die Blätter abzupfen.

5 Die Pilze und den Thymian ca. 10 Min. vor Ende der Garzeit
unterheben und mitgaren. Das Ragout mit Salz und Pfeffer
abschmecken und mit Serviettenknödeln, Spätzle oder Bandnudeln servieren.

Für 4 Personen • 20 Min. Zubereitung • Pro Portion ca. 230 kcal, 55 g E, 8 g F, 12 g KH

REHLEBER MIT APFEL

VORSPEISE

500 g Rehlebern
1 kleine Zwiebel
2 Knoblauchzehen
1 süßsäuerlicher Apfel
  (z. B. Elstar)
1 EL Öl
60 ml Sherry Fino
Salz, Pfeffer
10 Salbeiblätter

1 Die Rehlebern putzen und in mundgerechte Stücke schneiden. Zwiebel und Knoblauch schälen und fein hacken. Den Apfel schälen, entkernen und in kleine Stücke schneiden.

2 In einer großen Pfanne das Öl erhitzen. Die Leberstücke und die Zwiebelwürfel hinzufügen und bei mittlerer Hitze anbraten, bis sie rundherum etwas Farbe annehmen. Den Knoblauch und die Apfelstücke dazugeben, alle Zutaten vermischen und mit dem Sherry ablöschen. Mit Salz und Pfeffer würzen.

3 Die Salbeiblätter in Streifen schneiden und unter die Lebermischung rühren. Alles bei kleiner Hitze 7–8 Min. ziehen lassen, bis die Leber innen gerade so gar ist. Mit knusprigem Baguette servieren.

Für 15 Stück • 30 Min. Zubereitung • 2,5 Std. Anfrieren • 12 Std. Marinieren • 8 Std. Trocknen •
Pro Stück ca. 55 kcal, 9 g E, 1 g F, 3 g KH

JERKY VOM REH

SNACK AUS DEN USA

600 g ausgelöstes Rehfleisch
(Keule, Nuss oder Ober-
schale)
2 EL Worcestersauce
3 EL helle Sojasauce
2 EL Honig
1 EL Hoisinsauce
1 TL Liquid Smoke (Online-
handel)
1 EL mildes Paprikapulver
1 TL Salz

1 Am Vortag das Fleisch trocken tupfen, parieren und ca. 2,5 Std. im Tiefkühlfach anfrieren. Dann mit einem sehr scharfen Messer in dünne Scheiben schneiden, etwa wie für Rouladen. Die Scheiben in 3–4 cm breite Streifen schneiden. In einen verschließbaren Gefrierbeutel füllen, alle anderen Zutaten dazugeben und alles gut vermengen. Im Kühlschlank über Nacht marinieren lassen.

2 Am nächsten Tag die Fleischstreifen aus dem Beutel nehmen und auf 2–3 mit Backpapier ausgelegten Backblechen so verteilen, dass sie sich nicht berühren.

3 Die Bleche in den Ofen schieben und den Backofen auf 40° Umluft stellen. Die Jerkys in ca. 8 Std. trocknen. Ab und zu die Ofentür etwas öffnen, damit Feuchtigkeit entweicht. 15 Min. vor Schluss die Temperatur auf 70° erhöhen und die Jerkys fertig trocknen. Sie halten sich kühl, dunkel und trocken gelagert mehrere Monate.

HIRSCH

HIRSCH-CARPACCIO

VORSPEISE

400 g ausgelöster Hirschrücken
Salz
2 Eigelb
½ TL Dijon-Senf
2 TL Weißweinessig
300 ml fruchtiges Olivenöl
Saft von ½ Zitrone
2 TL Worcestersauce
ca. 2 EL Milch
Pfeffer
4 EL Kapern

1 Das Fleisch trocken tupfen und parieren. In einen Gefrierbeutel geben und im Tiefkühlfach 2–3 Std. anfrieren lassen, dann lässt es sich besser schneiden. Das Fleisch herausnehmen und mit einem sehr scharfen Messer oder mit einer Schneidemaschine in sehr dünne Scheiben schneiden. Die Fleischscheiben auf vier Tellern verteilen und leicht salzen. Mit Frischhaltefolie bedecken und in den Kühlschrank stellen.

2 Die Eigelbe mit Senf und Essig in einer Rührschüssel mit einem Schneebesen verrühren. Das Olivenöl in dünnem Strahl einfließen lassen, dabei beständig weiterschlagen, bis die Sauce die Konsistenz einer Mayonnaise hat.

3 Zitronensaft, Worcestersauce und etwas Milch dazugeben. Mit Salz, Pfeffer und Zitronensaft abschmecken. Die Sauce sollte sämig sein, aber nicht zu dünnflüssig. Falls sie zu dick ist, noch etwas Milch dazugeben.

4 Das Carpaccio aus dem Kühlschrank nehmen, die Folie entfernen und jede Portion mit frisch gemahlenem schwarzem Pfeffer bestreuen. Mit der Sauce benetzen und mit den Kapern bestreuen.

Für 4 Personen • 30 Min. Zubereitung • Pro Portion ca. 335 kcal, 36 g E, 14 g F, 15 g KH

HIRSCH AUS DEM WOK

AUS THAILAND

600 g ausgelöster Hirschrücken
1 TL schwarze Pfefferkörner
2 TL Koriandersamen
1 Stück Ingwer (ca. 2 cm)
1 rote Paprika
150 g Shiitake (Pilze)
1 Bund Frühlingszwiebeln
2 EL Pflaumenmus
1 TL rote Currypaste
6 EL Sojasauce
3 EL Öl
150 ml Wildfond (selbst
gemacht oder gekauft)

1 Das Fleisch trocken tupfen und parieren, in ca. 1 cm dicke Scheiben schneiden und diese halbieren. Pfeffer und Koriander im Mörser fein zerdrücken. Ingwer schälen und sehr klein würfeln. Alles mit dem Fleisch vermengen. Paprika waschen, halbieren, Trennwände und Kerne entfernen und die Hälften würfeln. Shiitake putzen und in Scheiben schneiden. Frühlingszwiebeln waschen, putzen und den weißen und hellgrünen Teil schräg in 3 cm lange Stücke schneiden. Pflaumenmus, Currypaste und 3 EL Sojasauce gut vermischen.

2 Im Wok 1 EL Öl erhitzen und die Hälfte der Fleischscheiben darin ca. 2 Min. rundherum anbraten, herausnehmen. Wieder 1 EL Öl erhitzen, das übrige Fleisch darin anbraten und wieder herausnehmen. Restliches Öl (1 EL) erhitzen und das Gemüse ca. 2 Min. darin anschwitzen. Fleisch und Pflaumen-Curry-Sojapaste dazugeben. Den Wildfond und die übrige Sojasauce (3 EL) dazugeben, gut verrühren und ca. 3 Min. köcheln lassen. Mit Reis servieren.

Für 4 Personen • 30 Min. Zubereitung • Pro Portion ca. 125 kcal, 8 g E, 5 g F, 13 g KH

WILDKRAFTBRÜHE MIT FLÄDLE

GUT VORZUBEREITEN

800 ml Wildfond (selbst
gemacht oder gekauft)
1 Möhre
1 Stange Lauch
4 Stängel Petersilie
100 g Champignons
Salz, Pfeffer
frisch geriebene Muskatnuss
125 ml Milch
1 Ei
40 g Mehl
1 TL Öl
2 EL gehackte Petersilie

1 Den Fond in einem Topf erhitzen. Inzwischen Möhre putzen, schälen und in sehr feine Streifen schneiden. Lauch putzen, längs halbieren, gut waschen und in feine Halbringe schneiden, Petersilie waschen, trocken tupfen und fein hacken. Champignons putzen, mit einem Tuch abreiben und in feine Scheiben schneiden. Die geschnittenen Gemüse und Pilze in den Fond einlegen und bei kleiner Hitze ca. 5 Min. ziehen lassen. Mit Salz, Pfeffer und frisch geriebener Muskatnuss abschmecken.

2 Milch und Ei in einer Schüssel mit dem Schneebesen schaumig rühren. Das Mehl und 1 Prise Salz dazugeben und alles zu einem glatten Teig verrühren. In einer Pfanne ½ TL Öl erhitzen und die Hälfte des Teigs darin zu einem dünnen Pfannkuchen backen. Das übrige Öl (½ TL) erhitzen und den übrigen Teig ebenso ausbacken. Pfannkuchen aufrollen, in Streifen schneiden und in die Brühe geben. Mit Petersilie bestreuen.

HIRSCHBURGER MIT WILDKRÄUTERN

VOM GRILL

1 Zwiebel
2 Knoblauchzehen
1 Stück Ingwer (ca. 3 cm)
½ Bund Minze
2 EL Pistazienkerne
50 g gemischte Wildkräuter
600 g Hirschfleisch (Hals, Schulter
oder Bauch)
2 EL Wildpreiselbeeren (Glas)
Salz, Pfeffer
Öl zum Grillen
4 Burger-Brötchen (ersatzweise
Pita-Brötchen)
4 EL Remouladensauce

AUSSERDEM
Fleischwolf

MEHR DRAUS MACHEN
Noch saftiger wird's mit einer
Creme aus zerdrückter Avocado,
Zitronensaft, gehackter Tomate,
Salz, Pfeffer und etwas zerbrösel-
tem Blauschimmelkäse. Die
Creme auf das Fleisch streichen.

1 Die Zwiebel und den Knoblauch schälen und fein würfeln. Den Ingwer schälen und ebenfalls fein würfeln. Die Minze waschen, trocken tupfen und hacken. Die Pistazien fein hacken. Die Wildkräuter waschen, trocken schütteln und beiseitelegen.

2 Den Grill auf ca. 200° anheizen. Zwiebel, Knoblauch, Ingwer, Minze und Pistazien in eine Schüssel geben. Das Hirschfleisch trocken tupfen und parieren. Dann in grobe Würfel schneiden, durch den Fleischwolf drehen und hinzufügen. Alle Zutaten mit den Händen zu einer homogenen Masse vermischen, die Preiselbeeren unterheben und den Fleischteig mit Salz und Pfeffer würzen.

3 Zum Testen der Würzung einen Mini-Burger formen, mit etwas Öl bestreichen und auf dem Grill pro Seite ca. 2 Min. garen. Probieren und die übrige Masse bei Bedarf nachwürzen.

4 Aus der Hackfleischmasse 4 Pattys formen, das geht am besten mit einer Burgerpresse. Dünn mit Öl bepinseln und auf dem Grill pro Seite ca. 4 Min. garen, dabei nur einmal wenden.

5 Die Burger-Brötchen quer halbieren und mit den Innensei-ten nach unten ca. 1 Min. auf den Grill legen. Die jeweils un-tere Brötchenhälfte mit Remouladensauce bestreichen, darauf die Pattys platzieren und mit den Wildkräutern bedecken. Die zweite Brötchenhälfte darauflegen.

HIRSCHWRAPS

AUS MEXIKO

1 rote Paprika
2 reife Tomaten
1 kleine rote Chilischote
2 Avocados
1 Handvoll Endiviensalat (ersatz-
   weise Eisbergsalat)
100 g Bergkäse
500 g Hirschfleisch (Hals, Schulter
   oder Bauch)
1 EL Öl
Salz, Pfeffer
4 große, weiche Weizentortillas
   (Ø 30 cm)
125 g Schmand

AUSSERDEM
Fleischwolf

1 Die Paprika waschen, halbieren, Trennwände und Kerne entfernen und die Hälften klein würfeln. Die Tomaten waschen und vierteln, den Stielansatz sowie die Kerne entfernen und die Viertel würfeln. Die Chilischote waschen, halbieren, Trennwände und Kerne entfernen und die Hälften sehr fein hacken.

2 Die Avocados der Länge nach mit einem Messer um den Kern herum halbieren, das Fruchtfleisch mit einem Löffel aus der Schale heben und in Streifen schneiden. Den Salat waschen, trocken schütteln und in Streifen schneiden. Den Bergkäse reiben. Das Fleisch trocken tupfen, parieren, in grobe Würfel schneiden und durch den Fleischwolf drehen

3 Den Backofen auf 130° vorheizen. Das Öl in einer großen Pfanne erhitzen und das Hackfleisch darin bei großer Hitze unter Rühren anbraten, bis kein rohes Fleisch mehr zu sehen ist. Salzen und pfeffern. Die Paprika und die Hälfte der Tomaten dazugeben und ca. 5 Min. garen. Die Tortillas ca. 2 Min. im Backofen erwärmen und wieder herausnehmen.

4 Den Pfanneninhalt auf den Tortillas verteilen. Die übrigen Tomatenwürfel, die Avocadostreifen, Salat und geriebenen Käse darauf verteilen. Nach Wunsch und Geschmack Chili und Schmand hinzufügen. Die Tortillas seitlich einschlagen und von unten aufrollen.

Für 4 Personen • 20 Min. Zubereitung • Pro Portion ca. 745 kcal, 51 g E, 17 g F, 92 g KH

HIRSCHSTEAKS MIT FETTUCCINE

SCHNELL

250 ml Wildfond (selbst ge-
  macht oder gekauft)
100 g Sahne
1 Bio-Zitrone
Salz, Pfeffer
4 Hirschsteaks (Hüfte; à 180 g)
2 EL Öl
2 Zweige Rosmarin
6 Wacholderbeeren
500 g Fettuccine
2 TL trockener Wermut

1 Den Wildfond in einem großen Topf erhitzen und etwas ein-kochen lassen. Die Sahne dazugeben und die Mischung köcheln lassen. Die Zitrone heiß waschen und abtrocknen, die Schale abrei-ben oder mit dem Zestenreißer abziehen und hacken. Die Zitrone halbieren und den Saft auspressen. Die Schale zur Sauce geben, mit Zitronensaft, Salz und Pfeffer abschmecken und die Hitze reduzieren.

2 Die Steaks trocken tupfen und parieren. Das Öl in einer großen Pfanne erhitzen und Steaks, Rosmarinzweige und Wacholderbeeren hineinlegen. Die Steaks pro Seite 3–5 Min. braten, nur einmal wen-den. Mit Salz und Pfeffer würzen.

3 Gleichzeitig die Fettuccine nach Packungsanweisung in gesalze-nem Wasser garen. Den Wermut zur Sauce geben. Die Fettuccine in ein Sieb abgießen, in den Topf geben und mit der Sauce vermen-gen. Die Steaks schräg aufschneiden und mit den Nudeln anrichten.

Für 4 Personen • 30 Min. Zubereitung • Pro Portion ca. 360 kcal, 38 g E, 12 g F, 24 g KH

HIRSCHTATAR

KLASSIKER

600 g Hirschfilet
1 kleine rote Zwiebel
4 Sardellenfilets
1 Gewürzgurke
4 Stängel Koriandergrün
4 Eigelb
1 EL scharfer Senf
2 Spritzer Worcestersauce
2 TL Zitronensaft
¼ TL Cayennepfeffer
4 EL kleine Kapern (Nonpa-
*   reilles)*
Salz, Pfeffer
4 Scheiben frisches Bauernbrot

1 Das Hirschfilet trocken tupfen und parieren. Mit einem großen, scharfen Kochmesser zuerst in sehr feine Scheiben schneiden, diese dann in Streifen und die wiederum in Würfel. Am Ende mit dem Messer nochmals über die Fleischwürfel hacken, damit das Ganze fast so fein zerkleinert ist wie aus dem Fleischwolf.

2 Die Zwiebel schälen und sehr fein hacken. Die Sardellenfilets ebenfalls hacken, die Gewürzgurke in kleine Würfel schneiden. Das Koriandergrün waschen, trocken schütteln und fein hacken.

3 In einer großen Schüssel die Eigelbe mit der Gabel verquirlen. Senf, Worcestersauce, Zitronensaft, Cayennepfeffer und Kapern unterrühren und die Mischung mit Salz und Pfeffer abschmecken. Das gehackte Fleisch hinzufügen und alles mit den Händen gut durchmischen. Zum Schluss den Koriander unterheben. Das Tatar mit frischem Bauernbrot servieren.

HIRSCHFILET IM GANZEN

FÜR GÄSTE

1 Hirschfilet (ca. 800 g)
2 Zweige Rosmarin
10 Wacholderbeeren
6 Pimentkörner
10 schwarze Pfefferkörner
2 Gewürznelken
300 ml kräftiger Rotwein
2 EL Butterschmalz
200 g Hagebuttenmark
2 Knoblauchzehen
Salz, Pfeffer
400 g Gnocchi (aus dem Kühlregal)

1 Am Vortag das Filet trocken tupfen, parieren und in einen verschließbaren Gefrierbeutel geben. Den Rosmarin waschen, trocken tupfen und dazugeben. Wacholderbeeren, Piment-körner, Pfefferkörner und Nelken mit einem schweren Messer andrücken und hinzufügen. 200 ml Rotwein dazugeben und das Fleisch über Nacht im Kühlschrank marinieren lassen.

2 Am nächsten Tag den Backofen auf 110° vorheizen. Das Fleisch aus der Marinade nehmen und mit Küchenpapier sorg-fältig trocken tupfen. Die Marinade beiseitestellen.

3 Das Butterschmalz in einer großen, ofenfesten Pfanne er-hitzen und das Filet darin von allen Seiten kräftig anbraten. In den Ofen (Mitte) stellen und ca. 20 Min. nachgaren lassen, bis es innen den gewünschten Grad an Rosa hat. Ideal ist es, wenn das Fleisch sich auf Druck anfühlt wie die eigene Nasenspitze.

4 Inzwischen das Hagebuttenmark in einem kleinen Topf erwärmen. Den Knoblauch mit der flachen Seite des Koch-messers andrücken und mit Schale dazugeben. Den übrigen Rotwein (100 ml) und 100 ml Marinade dazugeben. Die Sauce mit Salz und Pfeffer abschmecken und bei mittlerer Hitze in ca. 30 Min. einkochen lassen.

5 Inzwischen die Gnocchi in siedendem Salzwasser nach Pa-ckungsanweisung garen, bis sie nach oben steigen. Mit einem Schaumlöffel herausheben. Das Fleisch aus dem Ofen holen, in Scheiben schneiden und mit Gnocchi und Sauce anrichten.

Für 4 Personen • 15 Min. Zubereitung • 35 Min. Garen • Pro Portion ca. 435 kcal, 36 g E, 19 g F, 28 g KH

WILDGRÖSTL

AUS DER PFANNE

*600 g kleine festkochende
   Kartoffeln
Salz
600 g Hirschfleisch (Keule oder
   Oberschale; ersatzweise
   Rehfleisch)
1 große Zwiebel
2 Knoblauchzehen
2 EL Butterschmalz
frisch geriebene Muskatnuss
Pfeffer
60 ml helle Sojasauce
40 g Walnusskerne
50 g Preiselbeeren (Glas)
½ Bund Schnittlauch*

1 Die Kartoffeln waschen, in wenig leicht gesalzenem Wasser in ca. 20 Min. bissfest kochen, abgießen und ausdampfen lassen, dann pellen und etwas abkühlen lassen.

2 Inzwischen das Fleisch trocken tupfen, parieren und in ca. 1 cm große Würfel schneiden. Die Zwiebel schälen und in feine Streifen schneiden. Den Knoblauch mit der flachen Seite des Kochmessers andrücken, schälen und fein würfeln.

3 In einer großen Pfanne 1 EL Butterschmalz erhitzen. Das Fleisch dazugeben und bei großer Hitze ca. 1 Min. rundherum scharf anbraten. Herausnehmen und beiseitestellen.

4 Die etwas abgekühlten Kartoffeln in Scheiben schneiden. Das übrige Butterschmalz (1 EL) in der Pfanne erhitzen und die Kartoffelscheiben darin knusprig goldgelb rösten. Zwiebeln, Knoblauch und das Fleisch dazugeben und alles ca. 5 Min. bei großer Hitze braten. Mit frisch geriebener Muskatnuss, Pfeffer und der Sojasauce abschmecken.

5 Die Walnüsse grob hacken und mit den Preiselbeeren in die Pfanne geben. Die Hitze reduzieren und beides kurz durchziehen und warm werden lassen. Den Schnittlauch waschen, trocken tupfen und in feine Röllchen schneiden. Zum Servieren über das Gröstl streuen.

WILDGEFLÜGEL, HASE & KANINCHEN

ENTE À L'ORANGE

KLASSIKER

4 Orangen
4 große Wildentenbrustfilets
   (à ca. 200 g)
1 TL brauner Zucker
1 TL Butter
1 EL Orangenlikör
1 EL Quittengelee
Salz, Pfeffer

1 Mit einem Messer 2 Orangen so schälen, dass auch die weiße bittere Haut entfernt wird. Die Filets aus den Häuten schneiden und beiseitestellen. Die übrigen 2 Orangen auspressen und 100 ml Wasser zum Saft geben.

2 Den Backofen auf 120° vorheizen. Die Entenbrustfilets trocken tupfen und die Haut mit einem sehr scharfen Messer rautenförmig vorsichtig einritzen, nicht bis ins Fleisch schneiden. Eine große Pfanne erhitzen, die Entenbrüste mit der Haut nach unten einlegen und ca. 5 Min. leicht kross anbraten. Wenden und ca. 1 Min. auf der Fleischseite garen. Herausnehmen und mit der Haut nach oben in eine ofenfeste Form legen. Den Orangensaft am Rand angießen, nicht über die Brüste. Die Filets im Ofen (Mitte) ca. 15 Min. nachgaren.

3 Inzwischen die Pfanne mit Küchenpapier auswischen und den Zucker darin mit der Butter karamellisieren. Die Orangenfilets kurz darin schwenken, herausnehmen und auf einen Teller legen. Nach 10 Min. den Orangensaft aus der Form im Ofen in die Pfanne gießen und aufkochen. Orangenlikör und Quittengelee dazugeben und etwas einkochen lassen.

4 Die Entenbrüste sind fertig, wenn sie sich auf Fingerdruck anfühlen wie die eigene Nasenspitze. Dann sind sie innen schön rosa. Die Brüste aufschneiden, nach Geschmack salzen und pfeffern. Mit der Sauce und den Orangenfilets anrichten. Dazu passen Kroketten oder Reis und Gemüse.

Für 4 Personen • 35 Min. Zubereitung • 4 Std. Marinieren • 40 Min. Garen •
Pro Portion ca. 850 kcal, 75 g E, 57 g F, 3 g KH

WÜRZIGER FASAN

FÜR GÄSTE

2 küchenfertige Fasane
  (à ca. 800 g)
2 Bio-Zitronen
3 TL Harissa (scharfe Würzpaste)
2 EL Olivenöl
Salz, Pfeffer
8 Salbeiblätter
8 Scheiben grüner Speck
300 ml Wildfond (selbst gemacht
  oder gekauft)
1 EL Pastis (Anis-Spirituose)
150 g Crème fraîche

1 Die Fasane trocken tupfen. Mit einem Finger vorsichtig die Haut von den Brüsten lösen. Die Zitronen heiß waschen und abtrocknen, dünne Zesten abziehen und fein hacken. 2 EL Saft auspressen. Zitronenschale und -saft mit Harissa und Olivenöl zu einer Paste vermischen. Mit Salz und Pfeffer würzen.

2 Die Fasane rundherum mit der Paste einreiben, dabei auch etwas Paste zwischen Haut und Brustfleisch geben. Auf jeder Brustseite je 2 Salbeiblätter unter die Haut schieben. Die Bauchöffnung mit Küchengarn oder Zahnstochern verschließen. Die Fasane mit Frischhaltefolie abdecken und im Kühlschrank ca. 4 Std. marinieren.

3 Den Backofen auf 180° vorheizen. Die Fasane herausnehmen und Brüste mit je 4 Speckscheiben belegen, sodass sie bedeckt sind. In eine ofenfeste Form setzen, den Wildfond angießen und die Form in den Ofen (Mitte) schieben. Die Fasane ca. 40 Min. garen. Gegen Ende der Garzeit mit einem Spieß in die dickste Stelle eines Schenkels stechen – ist der austretende Saft klar, ist das Geflügel gar. Herausnehmen und warm stellen.

4 Den verbliebenen Fond bzw. Saft in einen kleinen Topf gießen und kurz aufkochen. Den Pastis einrühren und die Sauce mit der Crème fraîche binden. Mit Salz und Pfeffer abschmecken. Die Fasane mit einer Geflügelschere halbieren oder das Fleisch mit einem Messer von der Karkasse lösen. Auf Tellern anrichten und die Sauce darübergeben. Dazu schmeckt Blattsalat und frisches Baguette.

Für 4 Personen • 1 Std. Zubereitung • Pro Portion ca. 585 kcal, 65 g E, 31 g F, 6 g KH

KANINCHEN IN WEISSWEIN

AUS ITALIEN

*4 Wildkaninchenkeulen
 (à ca. 400 g)
½ Bio-Zitrone
1 Zweig Rosmarin
2 Knoblauchzehen
3 EL Olivenöl
Salz, Pfeffer
2 kleine Fenchel (mit Grün)
3 Tomaten (ca. 200 g)
1 TL Fenchelsamen
125 ml Weißwein
1 EL Tomatenmark
2 EL Kapern*

1 Keulen trocken tupfen, parieren und ggf. Knochenreste entfernen. Zitrone heiß waschen und abtrocknen, Schale fein abreiben und Saft auspressen. Rosmarin waschen, trocken tupfen, Nadeln abzupfen und hacken. Knoblauch schälen und fein würfeln. Mit Zitronenschale, 2 EL Öl, Salz und Pfeffer verrühren. Die Keulen rundherum damit einreiben. Fenchel putzen und waschen, Grün abschneiden und beiseitelegen. Knollen längs vierteln, Strunk entfernen und die Viertel in ca. ½ cm dicke Scheiben schneiden. Tomaten waschen, vierteln, von den Stielansätzen befreien und würfeln.

2 Übriges Öl (1 EL) erhitzen. Keulen auf beiden Seiten stark anbraten, herausnehmen. Fenchel und -samen andünsten. Tomaten, Wein, Zitronensaft und Tomatenmark dazugeben, salzen und pfeffern. Keulen einlegen, zugedeckt bei kleiner Hitze ca. 20 Min. schmoren. Fenchelgrün hacken, die Hälfte davon mit den Kapern untermischen und alles ca. 25 Min. garen. Mit übrigem Fenchelgrün bestreuen.

Für 4 Personen • 30 Min. Zubereitung • 12 Std. Marinieren • 2 Std. Garen •
Pro Portion ca. 600 kcal, 66 g E, 16 g F, 11 g KH

HASENPFEFFER

WINTER-REZEPT

1,5 kg Hasenfleisch mit Kno-
    chen (Keule oder Schulter)
Wildgewürz
2 EL Öl
70 g Bauchspeck
1 Bund Suppengrün
100 g Petersilienwurzel
1 EL brauner Zucker
Salz, Pfeffer
1 EL Tomatenmark
700 ml trockener Rotwein
1 EL rotes Fruchtgelee (z. B.
    Johannisbeere oder Kirsch)

1 Am Vortag das Fleisch trocken tupfen, parieren und in Stücke hacken. 1 EL Wildgewürz und das Öl in einer Schüssel mischen und das Fleisch einlegen. Gut durchmengen, damit das Fleisch überall gewürzt ist. Im Kühlschrank abgedeckt über Nacht marinieren.

2 Den Backofen auf 150° vorheizen. Den Speck würfeln. Suppengrün und Petersilienwurzel putzen, waschen bzw. schälen und klein würfeln. In einem schweren Bräter den Speck auslassen. Das Fleisch darin rundherum anbraten. Das Gemüse dazugeben und kurz anbraten. Mit Zucker, Salz und Pfeffer würzen. Das Tomatenmark unterrühren. Den Wein angießen und das Gelee einrühren. Kurz aufkochen.

3 Den Bräter zugedeckt in den Ofen stellen (Mitte) und das Fleisch in ca. 2 Std. garen. Dann von den Knochen lösen und warm stellen. Sauce aufkochen, Gemüse pürieren, mit Wildgewürz, Salz und Pfeffer abschmecken. Mit Spätzle oder Bandnudeln servieren.

Für 4 Personen • 1 Std. 10 Min. Zubereitung • 12 Std. Marinieren •
Pro Portion ca. 485 kcal, 43 g E, 22 g F, 13 g KH

HASENRÜCKEN IN PORTWEIN

KLASSIKER

2 küchenfertige Hasenrücken am
  Knochen (à ca. 500 g)
1 Möhre
1 Zwiebel
2 Zweige Thymian
2 Zweige Rosmarin
2 Lorbeerblätter
10 Pfefferkörner
250 ml Portwein
2 EL Butter
1 EL Öl
200 g Sahne
Salz, Pfeffer

1 Am Vortag die gehäuteten Hasenrücken in einen großen, verschließbaren Gefrierbeutel legen. Möhre putzen, waschen und in Scheiben schneiden, Zwiebel schälen und in Scheiben schneiden. Kräuter waschen und trocken tupfen.

2 Möhre, Zwiebel, Thymian, Rosmarin, Lorbeerblätter und Pfefferkörner zum Fleisch geben. Vom Portwein 3–4 EL zurückbehalten, den Rest in den Beutel gießen. Den Beutel verschließen, dabei die Luft so gut wie möglich herausdrücken. Den Beutel über Nacht in den Kühlschrank legen.

3 Den Backofen auf 170° vorheizen. Die Hasenrücken aus dem Beutel nehmen und mit Küchenpapier trocken tupfen. Butter und Öl in einem Bräter erhitzen und die Rücken darin bei großer Hitze von allen Seiten anbraten, bis das Fleisch Farbe annimmt. Die Knochenseite zum Schluss anbraten.

4 Die Marinade dazugießen und rasch aufkochen. Den Bräter offen in den Ofen stellen (Mitte) und das Fleisch in ca. 45 Min. fertig garen. Dabei mehrmals mit der Sauce beträufeln.

5 Das Fleisch aus der Sauce heben und warm stellen. Die Sauce durch ein Sieb gießen und in den Bräter geben. Die Sahne dazugeben und die Sauce einköcheln. Salzen und pfeffern, übrigen Portwein dazugeben und die Sauce ca. 3 Min. köcheln lassen. Das Fleisch vom Knochen lösen, portionieren und mit Kartoffelpüree oder -gratin und Sauce servieren.

REGISTER

Abkürzungsverzeichnis:
E = Eiweiß
EL = Esslöffel (gestrichen)
F = Fett
kcal = Kilokalorien
KH = Kohlenhydrate
Msp. = Messerspitze
Pck. = Päckchen
TK = Tiefkühl
TL = Teelöffel (gestrichen)
Ø = Durchmesser

LIEBE LESERINNEN UND LESER,

wir wollen Ihnen mit diesem Buch Informationen und Anregungen geben, um Ihnen das Leben zu erleichtern oder Sie zu inspirieren, Neues auszuprobieren. Wir achten bei der Erstellung unserer Bücher auf Aktualität und stellen höchste Ansprüche an Inhalt und Gestaltung. Alle Anleitungen und Rezepte werden von unseren Autoren, jeweils Experten auf ihren Gebieten, gewissenhaft erstellt und von unseren Redakteur*innen mit größter Sorgfalt ausgewählt und geprüft.

Haben wir Ihre Erwartungen erfüllt? Sind Sie mit diesem Buch und seinen Inhalten zufrieden? Wir freuen uns auf Ihre Rückmeldung. Und wir freuen uns, wenn Sie diesen Titel weiterempfehlen, in Ihrem Freundeskreis oder bei Ihrem Online-Kauf.

Sollten wir Ihre Erwartungen so gar nicht erfüllt haben, tauschen wir Ihnen Ihr Buch jederzeit gegen ein gleichwertiges zum gleichen oder ähnlichen Thema um.

KONTAKT ZUM LESERSERVICE

GRÄFE UND UNZER VERLAG
Grillparzerstraße 12
81675 München
www.gu.de

© 2021 GRÄFE UND UNZER VERLAG GmbH,
Postfach 860366, 81630 München

GU ist eine eingetragene Marke der GRÄFE UND UNZER VERLAG GmbH, www.gu.de

ISBN 978-3-8338-7983-8
1. Auflage 2021

Alle Rechte vorbehalten. Nachdruck, auch auszugsweise, sowie Verbreitung durch Bild, Funk, Fernsehen und Internet, durch fotomechanische Wiedergabe, Tonträger und Datenverarbeitungssysteme jeder Art nur mit schriftlicher Genehmigung des Verlages.

Projektleitung: Monika Greiner
Lektorat: Katharina Lisson
Korrektorat: Waltraud Schmidt
Gesamtgestaltung: independent Medien-Design, München
Umschlaggestaltung: ki36 Editorial Design, Sabine Krohberger, München
Herstellung: Mendy Willerich
Satz: Eberl & Koesel Studio GmbH
Reproduktion: medienprinzen GmbH,
Druck und Bindung: Firmengruppe APPL, aprinta druck, Wemding
Printed in Germany

DER AUTOR

Matthias F. Mangold ist Foodjournalist und FEC-Mitglied. Er betreibt seit Jahren seine erfolgreiche Kochschule »genusstur« und veröffentlichte bereits zahlreiche Kochbücher.

DER FOTOGRAF

Mathias Neubauer ist Foodfotograf, Grafik-Designer und selbst Jäger. In seinem Studio in Seligenstadt hat er die wilden Rezepte zusammen mit Manuel Weyer (Foodstyling) stimmungsvoll in Szene gesetzt.

Bildnachweis:
Mathias Neubauer: S. 06-59 und Stepfotos auf den Klappen
Coco Lang: S. 01, 05 und Stillleben auf den Klappen
Kathrin Koschitzki: Cover
Vivi d'Angelo: S. 04 Autorenfoto

Umwelthinweis:
Nachhaltigkeit ist uns sehr wichtig. Der Rohstoff Papier ist in der Buchproduktion hierfür von entscheidender Bedeutung. Daher ist dieses Buch auf PEFC-zertifiziertem Papier gedruckt. PEFC garantiert, dass ökologische, soziale und ökonomische Aspekte in der Verarbeitungskette unabhängig überwacht werden und lückenlos nachvollziehbar sind.

Syndication: www.seasons.agency

Die GU-Homepage finden Sie unter www.gu.de

APPETIT AUF MEHR?

ISBN 978-3-8338-6629-6

ISBN 978-3-8338-7102-3

ISBN 978-3-8338-6617-3

ISBN 978-3-8338-6614-2

ISBN 978-3-8338-7955-5

ISBN 978-3-8338-7541-0

Alle hier vorgestellten Bücher sind auch als eBook erhältlich.

DIE »GU KOCHEN PLUS«-APP

 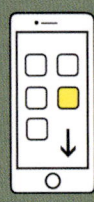

1 APP HERUNTERLADEN

Laden Sie die kostenlose »GU Kochen Plus«-App im Apple App Store oder im Google Play Store auf Ihr Smartphone. Starten Sie die App und wählen Sie Ihren Küchenratgeber aus.

2 REZEPTBILD SCANNEN

Scannen Sie das gewünschte Rezeptbild mit der Kamera Ihres Smartphones. Klicken Sie im Display die Funktion Ihrer Wahl.

3 FUNKTIONEN NUTZEN

Sammeln Sie Ihre Lieblingsrezepte. Speichern und verschicken Sie Ihre Einkaufslisten. Oder nutzen Sie den praktischen Supermarkt-Finder und den Rezept-Planer.